D1729193

Was für ein Glück

Was für ein Glück
Eine Kindheit zwischen Trümmern und Wirtschaftswunder
1. Auflage
© edition naundob, Berlin, März 2019
www.naundob.de
Autorin: Marlies Kalbhenn / marlies-kalbhenn.de
Umschlaggestaltung: edition naundob
Lektorat: Ingrid Kaech / ingridkaech.leichterhand.de
Druck: SDL-Digitaler Buchdruck, Schaltungsdienst Lange oHG, Berlin
ISBN 978-3-946185-19-2

Marlies Kalbhenn

Was für ein Glück

Eine Kindheit zwischen Trümmern
und Wirtschaftswunder

edition naundob

Vorwort

Die Geschichten in diesem Buch sind meine Geschichten. Sie ereigneten sich Mitte der 1950er Jahre.

Damals hatten wir noch kein Fernsehen. Internet und Smartphones gab es noch gar nicht. In dem Haus, in dem wir wohnten, gab es auch noch keine Zentralheizung. In unserer Wohnküche und in der guten Stube standen Kohleöfen. Wenn wir baden wollten, mussten wir in die Waschküche gehen. Die Waschküche befand sich im Keller. Dort stand eine große, graue Zink-Badewanne.
Kleine Mädchen und Jungen trugen im Winter Hemdchen mit Haltern. Daran wurden lange Wollstrümpfe festgemacht. Diese Hemdchen nannte man Leibchen.

Das neue Schuljahr begann noch im Frühling,
kurz nach dem Osterfest.

Deutschland war ein geteiltes Land.
Es war schwierig, von einem Teil in den
anderen zu reisen: von Ostdeutschland nach
Westdeutschland oder umgekehrt.

Obwohl so vieles heute anders ist:
Das, was damals gut und wichtig war, ist es
auch heute noch.

Es ist gut, eine Familie zu haben.
Es ist gut, Freundinnen und Freunde zu haben.
Eine 2 in Mathematik ist besser als eine 5.
Aber sitzen zu bleiben ist keine Schande.
Das erste Birkengrün ist immer noch ein
Wunder. Der erste Schnee auch.
Doch das größte Wunder ist die Liebe.

Die Geschichten in diesem Buch sind nicht neu.
Ich habe sie vor 18 Jahren aufgeschrieben.
Sie sind damals in einem anderen Verlag
erschienen. Das Buch hieß „Um 12 Uhr bleibt
die Zunge stehen".
Beim Übertragen der Geschichten in Einfache
Sprache haben sie sich etwas verändert. Und
so ist ein neues Buch für neue Leserinnen und
Leser entstanden.

Marlies Kalbhenn, im Frühjahr 2019

Inhalt

1 Geburtstag   13

2 Mathematik mangelhaft   21

3 Käferfahrt   31

4 Eine Reise von Deutschland nach Deutschland   39

5 Lottis Tochter   49

6 Kein Puppenkind   55

7 Heimfahrt mit Hindernissen   61

8 Scheiden tut weh   73

9 Ramona   81

10 Franse die Bürsten!   89

11 Ein Atlas und ein Mantel   95

12 Was für ein Glück!   105

13 Ende eines Rockes   117

14 Zopf ab heißt nicht: Kopf ab!   123

1 Geburtstag

Mein 10. Geburtstag fiel auf einen Sonntag.
Mittags gab es mein liebstes Sonntagsessen:
Gulasch mit Kartoffeln und Rotkohl.
Und hinterher roten und grünen
Wackelpudding. Mit Vanillesoße!

Am Nachmittag kam meine Freundin
und Klassenkameradin Renate.
Sie brachte ihre kleine Schwester Elke mit.
Außerdem kamen noch Karin und Dora.
Auch sie gingen in meine Klasse.
Karin und Dora wollten nach den Osterferien
mit mir zusammen auf das Gymnasium gehen.
Leider würde Renate nicht mitkommen.
Sie wollte oder sollte in der Volksschule
bleiben.

Mama hatte eine Quarktorte gebacken:
halb mit, halb ohne Rosinen.
Meine 5-jährige Schwester Elisabeth und mein
3-jähriger Bruder Andreas mochten keine
Rosinen im Kuchen. Eigentlich mochten sie
überhaupt keine Rosinen. Ich hatte mit Mamas
Hilfe einen „Kalten Hund" gemacht:
einen Kuchen aus Keksen und Schokolade.
Papa hatte eine große Kanne Kakao gekocht.

Nachdem wir uns satt gegessen hatten, gingen
wir in unseren großen Garten. Dort spielten wir
Packen, Verstecken, Eierlaufen, Topfschlagen
und Sackhüpfen.

Ich hatte zum ersten Mal in diesem Jahr
Kniestrümpfe an. Neue weiße Kniestrümpfe.
„Es ist noch viel zu kalt für Kniestrümpfe",
hatte Mama gesagt.

Aber ich hatte sie daran erinnert:
dass seit einer Woche Frühling war,
dass im Garten die Gänseblümchen blühten,
dass heute Sonntag war und dass ich
Geburtstag hatte. Mama hatte gelacht.
Und dann hatte sie gesagt:
„Mach, was du willst, Marie."
Ich fror an den Oberschenkeln. Aber das
machte nichts. Frühestens im Oktober würde
ich das Leibchen und die Wollstrümpfe wieder
anziehen.

Abends um 7 mussten meine Gäste nach Hause.
Vorher aßen wir noch Kartoffelsalat und
Würstchen. Außerdem gab es gekochte Eier.
Sie sahen wie Fliegenpilze aus. Denn Mama
hatte den Eiern Tomaten-Käppchen aufgesetzt.
Und jedes Käppchen hatte sie mit Mayonnaise-
Tupfern verziert.

Papa brachte Elisabeth und Andreas ins Bett.
Oma Käthe, die bei uns zu Besuch war, half
Mama beim Aufräumen und Spülen.
Ich hatte endlich Zeit, meine Geschenke
anzuschauen: die Blockflöte, die beiden Bücher,
die neue Schultasche, die Federmappe und die
Schokoladentafeln.

Weil ich Geburtstag hatte, durfte ich länger
aufbleiben. Papa und Mama erzählten, wie
sie sich im Frühling 1944 kennengelernt und
sofort ineinander verliebt hatten. Das hatten
sie mir schon oft erzählt. Aber ich konnte es
immer wieder hören.

Im Sommer 1944 war Krieg. Papa war Soldat.
Bevor er Mama kennenlernte, war er 2 Jahre
in Russland gewesen.

Danach hatte er ein halbes Jahr in einem
Lazarett gelegen, einem Krankenhaus für
Soldaten. Denn er war in Russland schwer
verwundet worden.

Oma Käthe sagte: „Das waren Zeiten! Was
haben wir alles mitgemacht!"

Nach der Zeit im Lazarett besuchte Papa eine
Schule für Soldaten, die Offiziere werden
wollten. Die lag in der Nähe von Mamas
Wohnort.

Nachdem Mama und Papa geheiratet hatten,
sollte Papa noch einmal zurück in den Krieg.
Zurück nach Russland. Mama hatte große
Angst um ihn. Oma Käthe auch.

Aber Papa hatte Glück. Er kam nicht nach
Russland, sondern nach Süddeutschland.

„Gott sei Dank", sagte Mama jetzt.

„Gott sei Dank", sagte auch Oma Käthe.

In ihren Augen blitzte es. Sie hatte am Wasser
gebaut. Am Wasser gebaut – so nannte Papa
das, wenn ein Mensch schnell weinte oder zu
Tränen gerührt war.

In Süddeutschland hatte Papa Brücken
sprengen müssen, um die amerikanischen
Soldaten aufzuhalten. Aber abends hatte er
frei. Da hat er Briefe an Mama geschrieben.
„Jeden Abend einen!", sagte er.

„Ich habe noch ein Geschenk für dich",
sagte Mama. Sie stand auf und ging ins
Schlafzimmer.
Als sie zurückkam, hatte sie ein Kästchen in der
Hand. „Da sind die Briefe drin, die Papa kurz
vor deiner Geburt an mich geschrieben hat."
Mama nahm einige Briefe aus dem Kästchen.

Dann las sie Stellen vor, in denen von mir die Rede war:

„Und das Schönste ist doch, dass wir ein Kind bekommen werden. Bald ist das kleine Wunder da. Ob es ein Junge wird? Oder ein Mädchen? Was meinst du, Lotti? Ich freue mich über das eine genauso wie über das andere."

Jetzt blitzte es auch in Papas Augen. Papa, mein großer starker Vater, hatte nämlich auch am Wasser gebaut.

Einige Tage nach meiner Geburt hatte er plötzlich an Mamas Bett gestanden.
„Diesen Augenblick werde ich nie vergessen", sagte sie leise. Papa musste aber noch einmal nach Süddeutschland zurück.

„Das war furchtbar!", sagte Mama.
„Als Papa weg war, habe ich mein Kissen
nassgeheult. Ich habe einen richtigen
Weinkrampf bekommen."

8 Wochen später war Papa wieder da.
Für immer. Denn der Krieg war aus.
„Ich hebe die Briefe für dich auf, Marie", sagte
Mama und legte sie in das Kästchen zurück.

2 Mathematik mangelhaft

„Mangelhaft" hatte Frau Hartmann fett und
rot unter die Mathematik-Arbeit geschrieben.
Mangelhaft! Meine erste 5.
Unglücklich starrte ich auf das Arbeitsheft.
Die Lehrerin hatte darin so viel durchgestrichen
und an den Rand geschrieben. Nur in einer
Aufgabe hatte sie nicht herumgekrickelt.
Es war die einzige, die ich richtig gelöst hatte.
Ich war ziemlich traurig. Nicht nur wegen der 5.
Das Gymnasium hatte ich mir nämlich viel
schöner vorgestellt.

Papa, Mama, Elisabeth, Andreas und ich
wohnten in der kleinen westfälischen Stadt
Rheda. Das Gymnasium befand sich aber in
Gütersloh, 10 Kilometer von Rheda entfernt.

Ich musste jeden Morgen mit dem Zug
nach Gütersloh fahren. Und nach der Schule
zurück nach Rheda. Deshalb war ich jetzt eine
Fahrschülerin.

Mittags kam ich später nach Hause als früher.
Außerdem hatte ich mehr Hausaufgaben auf.
Renate hatte keine Lust, auf mich zu warten.
Sie kam nur noch selten zum Spielen zu mir.
Karin und Dora hingen wie Kletten aneinander.
Sie brauchten keine weitere Freundin.
Mit Susanne und Veronika verstand ich
mich gut. Sie saßen in der Klasse hinter mir.
Aber weil sie nicht in Rheda wohnten, konnten
wir nachmittags nicht miteinander spielen.
In der Volksschule hatte ich vor keiner Lehrerin
und vor keinem Lehrer Angst gehabt.
Im Gymnasium hatte ich Angst vor Frau
Hartmann. Und vor Herrn Dr. Igel, dem
Englischlehrer, hatte ich auch Angst.

Geschichte, Deutsch, Erdkunde und Religion waren meine Lieblingsfächer. Musik und Sport gefielen mir auch. Aber Englisch fiel mir ziemlich schwer. Noch schwerer war Mathematik.

In der Volksschule hatte ich immer eine 2 im Rechnen gehabt. Jetzt verstand ich die meisten Aufgaben nicht. „Mangelhaft" stand unter der Klassenarbeit. Meine erste 5!

3 Tage später hatte ich die Mathehausaufgaben nicht gemacht. Ich hatte sie wieder einmal nicht verstanden. Andere Mädchen schrieben die Lösungen ab. In der Klasse. Oder in der Pause auf dem Klo. Auch Veronika machte das manchmal. Sie war genauso schlecht in Mathe wie ich. Nur ich, ich traute mich nicht abzuschreiben. Ich hatte Angst, dabei erwischt zu werden.

Am Anfang jeder Mathestunde kontrollierte Frau Hartmann die Hausaufgaben. An diesem Morgen meldete ich mich, bevor sie sich die Hefte zeigen ließ.

„Ja, Marie, was ist?"

„Ich habe, ich wollte sagen …"

„Hast du die Hausaufgaben nicht gemacht?"

„Ja, nein, doch, ich … ich … ich kann mein Heft nicht finden", stotterte ich.

Was hatte ich da gesagt?

Vor lauter Angst hatte ich mich versprochen.

„Ich habe mein Heft vergessen."

Das hatte ich sagen wollen. Natürlich konnte ich mein Heft finden. Jeder konnte es finden. Es lag ja aufgeschlagen in meiner Schultasche.

„So, du kannst dein Heft nicht finden?

Na, dann komm nach vorn. Ich helfe dir suchen", sagte Frau Hartmann.

Frau Hartmann fand das Heft sofort.
Sie sah mich streng an und sagte:
„Wir sprechen uns in der Pause. Warte vor dem
Lehrerzimmer auf mich!"

Langsam, ganz langsam verging die Stunde.
Warum hatte ich nicht die Wahrheit gesagt?
Warum hatte ich nicht gesagt, dass ich die
Aufgaben nicht verstanden hatte?
So unglücklich wie heute war ich noch nie.
Frau Hartmann beachtete mich nicht. Sie fragte
mich nichts. Sie forderte mich auch nicht auf,
an der Tafel zu rechnen.

Vor dem Lehrerzimmer musste ich lange
warten. Als Frau Hartmann endlich kam, war
die Pause fast vorbei. Ich schaute meine
Lehrerin nicht an. Ich schaute auf den
Fußboden.

„Es ist sehr traurig, dass du mich angelogen hast", sagte Frau Hartmann.

„Was werden deine Eltern sagen, wenn sie erfahren, dass ihre Tochter lügt?"

Bevor ich antworten konnte, gongte es.

Die Pause war vorbei.

Frau Hartmann ließ mich stehen.

Sie ging zurück ins Lehrerzimmer. Und ich ging zurück in meine Klasse. Ich musste mein Turnzeug holen. In der letzten Stunde hatten wir Sport. Susanne und Veronika hatten im Klassenraum auf mich gewartet. „Putz dir die Tränen ab", sagte Susanne. „Sonst fragt dich die Wunderblume, was los war."

Frau Wunderlich war unsere Handarbeits- und Sportlehrerin. Wir nannten sie Wunderblume, weil sie oft Kleider mit Blumenmuster trug. Solche Blumen wie auf ihren Kleidern hatten wir noch nie gesehen.

„Dschungelblumen", hatte Susanne sie genannt.
„Wunderblumen" passe besser, hatte Veronika
gemeint. Und so war Frau Wunderlich zu ihrem
Spitznamen gekommen: „Wunderblume."

„Stell dir Frau Hartmann im Büstenhalter und im
Schlüpfer vor", sagte Veronika. „Dann geht es
dir sofort besser."
Und das ging es mir auch. Viel besser!

2 Wochen später feierte unsere Schule ein
großes Sommerfest, drinnen und draußen.
Zuerst gab es viele Vorführungen. Der Schulchor
sang einige Lieder. Das Schulorchester spielte
einige Stücke. Die Theatergruppe führte ein
lustiges Spiel auf. Meine Klasse hatte mit der
Wunderblume 3 Tänze eingeübt. Über unseren
schwarzen Turnhosen trugen wir kurze rote
Röcke aus Krepp-Papier.

Auch unsere Turnhemden waren schwarz. Und unsere Fußsohlen ebenfalls. Hinterher! Denn wir hatten barfuß getanzt.

Es gab Kaffee und Kuchen, Limonade und Eis. An einem Stand wurde Popcorn gemacht. Es gab eine Losbude. Und eine Wurfbude. Und noch viele andere „Attraktionen". Es war fast so wie auf einer Kirmes. Leider musste ich die ganze Zeit aufpassen, dass meine Eltern und Frau Hartmann sich nicht zufällig begegneten. Ich hatte die Stimme meiner Lehrerin im Ohr. Sie klang wie eine kaputte Schallplatte: „Ihre Tochter lügt, Ihre Tochter lügt, Ihre Tochter lügt ..." Wenn Frau Hartmann in unserer Nähe auftauchte, lockte ich Mama und Papa schnell woanders hin. Doch Papa bestand schließlich darauf, Frau Hartmann zu begrüßen.

„Das gehört sich so", sagte er. Ich versteckte
mich hinter seinem Rücken. „Wie macht sich
denn unsere Tochter?", fragte er.

„Marie ist zu still. Sie muss mehr mitarbeiten",
sagte Frau Hartmann.

Sie sagte nicht, dass ich gelogen hatte.

Ich hatte mir völlig umsonst Sorgen gemacht.

3 Käferfahrt

Papa hatte den Autoführerschein gemacht und ein gebrauchtes Auto gekauft.
Einen blauen VW-Käfer.
„Nachher machen wir die erste Ausfahrt", sagte Papa beim Mittagessen. Meine Schwester und ich konnten es kaum abwarten.
„Wenn wir ganz schnell essen, können wir ganz schnell losfahren", sagte ich.
„So siehst du aus", sagte Papa und füllte sich zum dritten Mal den Teller voll.
„Lotti, deine Erbsensuppe ist ein Gedicht", sagte er zu Mama. „Es ist die köstlichste Erbsensuppe der Welt."
„Wer's glaubt, wird selig", sagte Mama.
Aber ich sah ihr an, dass sie sich über das Lob freute. Papa hatte Schweißperlen auf der Stirn. Das kam von der heißen Suppe.

„Alles was man tut, soll man richtig tun", sagte
er immer. „Arbeiten, Essen, Ausruhen ..."
Essen war eine seiner
Lieblingsbeschäftigungen. Und Erbsensuppe
eines seiner Lieblingsgerichte.
„Beeil dich bitte, Papa!", quengelte Elisabeth.
„Die Quarkspeise kannst du heute Abend
essen", sagte ich.
„So siehst du aus!", sagte Papa.
Und aß den Quark auch noch auf.

Ausgerechnet heute wollte Papa nach dem
Essen ein Nickerchen machen. Und Mama
wollte noch rasch eine Krümeltorte backen.
„Unsere erste Autofahrt soll ein Fest werden",
sagte sie. „Mit einem schönen Picknick auf
einer Wiese, an irgendeinem Waldrand. So
stelle ich mir das jedenfalls vor." Sie reichte
Papa ein Glas mit Vierfrucht-Marmelade.

„Mach mir das auf, bevor du dich hinlegst."
Die Marmelade strich Mama auf den
Tortenbodenteig. Und über die Marmelade
streute sie die Teigstreusel.
„Ab in den Backofen", sagte sie.

Mama verzichtete auf den Beifahrerplatz.
Sie setzte sich mit Elisabeth und Andreas auf
den Rücksitz.
„Eure Mutter traut meinen Fahrkünsten nicht!",
lästerte Papa. „Nicht wahr, mein Schatz?"
Natürlich protestierte Mama.
Ich freute mich, neben Papa sitzen zu dürfen.
„Hast du auch alle Papiere dabei, Herbert?",
fragte Mama.
„Was denkst du denn von mir, Lotti Hütchen?"
Erst jetzt fiel mir auf, wie schick Mama war.
Sie hatte das weiße Kleid mit den roten
Mohnblumen angezogen.

Und sie hatte ihren Strohhut aufgesetzt.
Mama trug gern Hüte. Sie standen ihr gut,
denn sie hatte ein „Hutgesicht". Sagte Papa.
Und er sagte, ein Hutgesicht hätten nicht alle.
Wenn Mama einen Hut aufhatte, nannte er sie
„Lotti Hütchen".

Unterwegs fing Papa an zu singen.
Mama sagte, er solle sich lieber aufs Fahren
konzentrieren. Papa unterbrach sein Lied und
sagte: „Ich kann beides gleichzeitig. Autofahren
und singen." Und schon stimmte er ein
neues Lied an: „Eine Käferfahrt ist lustig, eine
Käferfahrt ist schön."
Während er sang, dichtete er das Lied um.
Denn eigentlich hieß es: „Eine Seefahrt, die ist
lustig." Als Papa sich verhedderte, sang er nur
noch die Melodie: „La-la-la-la, la-la-la-la ..."
Und so weiter.

„Das Wandern ist des Müllers Lust", sangen wir zu dritt. Papa, Elisabeth und ich. Als wir gerade schmetterten:

„Das sehn wir auch den Rädern ab, das sehn wir auch den Rädern ab, den Rädern, die gar nicht gerne stille stehn und sich am Tag nicht müde drehn",

blieb unser Käfer plötzlich stehen.
Mitten auf einer Kreuzung.
„Herbert! Was machst du denn?", schrie Mama.
„Gar nichts, Lotti Hütchen", sagte Papa.
Die anderen Autos fuhren hupend an uns vorbei. Papa versuchte, den Motor wieder anzulassen. Der Käfer machte einen kleinen Hopser und blieb dann wieder stehen.
„Es hilft nichts, wir müssen ihn von der Kreuzung schieben", sagte Papa.

Elisabeth und ich halfen beim Schieben.
Andreas schaute uns aus dem Rückfenster zu.
Mama schämte sich vor den anderen
Autofahrern. Sie machte sich ganz klein.
Sie legte die Hände vors Gesicht.
Sie senkte den Kopf.
Sie glaubte, dass niemand sie so sehen könnte.

Endlich hatten wir den Käfer an den
Straßenrand geschoben. Papa guckte alles
nach, was es nachzugucken gab.
„Ich verstehe das nicht", sagte er.
„Du bist doch Tischler!", sagte Mama
vorwurfsvoll.
„Eben, mein Schatz!", sagte Papa. „Ich bin
Tischler. Und kein Automechaniker."
„Hoffentlich hast du dir kein Schrottauto
andrehen lassen, Herbert!"

Papa wollte etwas entgegnen, schluckte es
aber runter.

„Vielleicht fehlt ja nur Benzin?", sagte
Elisabeth plötzlich.

Papa schlug sich an die Stirn.

„Kluges Kind", sagte er. „Das wird es sein!
Wir haben keinen Sprit mehr!"

Da der Reserve-Kanister auch leer war,
sagte Papa: „Ich laufe zur nächsten Tankstelle.
Was man nicht im Kopf hat, muss man in den
Beinen haben."

Er gab Lotti Hütchen einen Kuss auf ihren
Schmollmund. Und rannte los.

Die Tankstelle war nicht weit. Papa war schnell
wieder da. Nun wurde es doch noch ein
schöner Ausflug.

An einer Wiese am Waldrand parkte Papa den
Käfer. Wir stiegen aus.

Mama breitete die Wolldecke aus.
Dann schnitt sie die Krümeltorte an.

Papa und Mama tranken Kaffee dazu.
Elisabeth, Andreas und ich bekamen
Himbeersaft.
Nur die Ameisen waren fies: Sie krabbelten erst
auf die Decke und dann auf meine nackten
Beine.

4 Eine Reise von Deutschland nach Deutschland

Oma Berta und Opa Ernst wohnten
in Ostdeutschland: in der Deutschen
Demokratischen Republik.
Oder einfach: in der DDR.
Es war nicht so leicht, von Westdeutschland
nach Ostdeutschland zu reisen. Von der
Bundesrepublik in die DDR. Denn zwischen
beiden deutschen Staaten gab es eine Grenze.
Mama schaffte es aber, ihre Eltern jedes Jahr zu
besuchen. Manchmal fuhren wir alle 5 hin.
In diesem Sommer nahm sie nur mich mit.

Im Zugabteil war es unglaublich eng und heiß.
Hochsommer eben. Alle 6 Plätze waren besetzt.
Die Gepäcknetze über den Sitzen waren
zu klein für die vielen Koffer und Taschen.

„Man nimmt immer viel zu viel mit", sagte die
Frau, die Mama gegenüber saß. Sie wischte
sich den Schweiß von der Stirn. Wir haben auch
viel zu viel eingepackt, dachte ich. Aber Mama
hatte eine große Familie. Allen wollte sie etwas
mitbringen: Sachen, die es in der DDR nicht
gab oder die dort teurer waren als bei uns.

Die Erwachsenen redeten die ganze Zeit über
Preise. Was kostet ein Brot im Westen, was
im Osten? Was kostet ein Kilo Rindfleisch, ein
Kühlschrank, eine Waschmaschine, ein Auto?
Als sich der Zug der Grenze näherte, wurde es
ruhiger im Abteil. Alle hatten Angst vor den
Kontrollen. Ich auch.
Und dann waren wir da. An der Grenze.
Der Zug würde hier lange stehen bleiben.
Manchmal stand er eine Stunde, manchmal 2
Stunden lang.

Nacheinander kamen jetzt die Grenzbeamten
in unser Abteil. Alle mussten ihre Ausweise
zeigen. Und ihre Aufenthalts-Genehmigungen.
Ein Grenzmann fragte, ob wir DDR-Geld dabei
hätten. Natürlich schüttelten alle die Köpfe.
Es war verboten, DDR-Geld mitzunehmen.
Das wussten alle.
Eine Grenzfrau fragte nach den Zetteln, auf
denen wir die Geschenke in unseren Koffern
aufgezählt hatten: Kaffee, Kakao, Schokolade,
Lakritz, zum Beispiel. Aber auch Nylon-Strümpfe
und Zigaretten.
Die Frau, die Mama gegenübersaß, musste
ihren Koffer aufmachen.
„Stichprobe", nannten sie das. Wir anderen
mussten so lange das Abteil verlassen.
Als wir zurück auf unsere Plätze durften,
machte die Frau gerade ihren Koffer zu.
Der einzige Mann in unserem Abteil half ihr.

„Nichts gefunden?", fragte er.

„Ich bin doch nicht dumm!", sagte die Frau.

Und wischte sich den Schweiß von der Stirn.

Bestimmt hatte sie mehr dabei, als erlaubt war.

Alle hatten mehr dabei, als erlaubt war.

Wir auch. Man durfte sich nur nicht erwischen
lassen.

Meine kleine Oma Berta war nach Magdeburg
gekommen, um uns abzuholen.

Sie umarmte erst Mama und dann mich.

„Was bist du gewachsen, Kind", sagte sie zu
mir. Oma Berta weinte. Aber nicht, weil sie
traurig war. Oma Berta weinte vor Freude.

Vor lauter Wiedersehens-Freude. Schließlich
hatte sie Mama ein Jahr nicht gesehen.

Und mich 2 Jahre lang nicht.

Wir gingen in den Wartesaal, wo wir auf den Bummelzug nach Barby warten wollten.

Oma Berta bestellte Kaffee für Mama und sich. Ich bekam eine Brause. „Was bist du gewachsen, Kind!", sagte sie noch einmal.

Plötzlich wollte Mama mit mir zur Toilette gehen. „Ich muss aber gar nicht", sagte ich.

„Du kommst trotzdem mit."

Zu zweit passten wir kaum hinein.

Als Mama die Tür verriegelte, sagte ich: „Mama, was soll das? Erstens muss ich gar nicht. Und zweitens kann ich es allein."

„Psst", sagte Mama leise.

Sie öffnete ihre Handtasche und nahm eine Nagelschere heraus. Damit trennte sie meinen Rockbund auf. „Was machst du denn, Mama?", fragte ich erstaunt.

„Nicht so laut", sagte Mama.

Aus dem geöffneten Bündchen zog sie einen Geldschein nach dem anderen heraus: DDR-Geld.

„Das ist doch verboten", flüsterte ich.

„Ich weiß", flüsterte Mama.

Sie zählte nach: „400 Mark. Stimmt genau."

Für 100 Mark Westgeld hatte Mama in Rheda auf der Bank 400 Mark Ostgeld bekommen. Vierhundert Mark! Dafür musste Papa einen ganzen Monat arbeiten.

In Barby erwartete uns Tante Liesbeth auf dem Bahnsteig. Tante Liesbeth war Mamas ältere Schwester. Sie war mit dem Fahrrad gekommen und lud sich den großen Koffer auf den Gepäckträger. Die Reisetasche hängte sie an den Lenker. Mama trug den kleinen Koffer und ich die beiden Beutel. Oma Berta wollte mir einen Beutel abnehmen.

Aber das ließ ich nicht zu. Das kurze Stück vom Bahnhof zum Haus meiner Großeltern schaffte ich das allein.

Das Straßenpflaster in Barby war noch genauso bucklig, wie ich es in Erinnerung gehabt hatte. Das Haus sah so aus wie immer. Die Großeltern-Wohnung im ersten Stock auch. Und die Schafställe auf der anderen Straßenseite gab es auch noch. Wie schön! Nicht nur auf die Menschen in Barby, auch auf die Schafe hatte ich mich gefreut.

Es gab Kaffee und Streuselkuchen mit Kirschen. Danach packte Mama die Geschenke aus: Kaffee, Kakao, Schokolade, Lakritz, Ananas und Mandarinen in Dosen, einen Trägerrock für Oma Berta und eine Perlon-Bettdecke für Tante Liesbeth.

Endlich kam Opa Ernst von der Arbeit.

Opa Ernst war Maurer. Seine Stimme und seine Hände waren rau. Er nahm mich in den Arm und sagte: „Meine kleine Schöne, da bist du ja wieder!" Nein, das stimmt nicht!

„Meine kleine Schöne" sagte Opa Ernst nicht. Opa Ernst sagte es so, wie man es in Barby sagt: „Meene kleene Scheene."

Als Mama Opa Ernst Zigaretten, Rasierklingen und eine Flasche Weinbrand gab, sagte er: „Du glaubst wohl, dass es in der DDR nichts zu kaufen gibt?"

Opa Ernst zwinkerte mir zu. „Ich habe nur Spaß gemacht", sollte das heißen. Doch Mama verstand den Spaß nicht. Oder sie wollte ihn nicht verstehen. „Nichts zu kaufen, das ist Quatsch", sagte Mama. „Ich wollte dir nur eine Freude machen, Vater."

„Das hast du auch", sagte Opa Ernst.

„Eine große Freude sogar. Aber die größte Freude ist, dass ihr da seid."

Am Abend trieb der Schäfer seine Schafe in den Stall. Oma Berta öffnete das Stubenfenster. Wir lehnten uns beide hinaus. Ich guckte den Schafen zu. Oma Berta guckte in den Himmel. „Es wird doch kein Gewitter geben?", fragte sie ängstlich. „Bestimmt nicht, Oma", sagte ich. „Es ist keine einzige Wolke zu sehen." Erleichtert schloss sie das Fenster.

5 Lottis Tochter

Bereits nach einer Woche Sommerferien in
Barby hatte ich Frau Hartmann und Herrn
Dr. Igel und das ganze Mädchen-Gymnasium
vergessen. Ich war braungebrannt und hatte
Schrammen an Knien und Ellenbogen.
Jeden Nachmittag spielte ich mit meiner
Kusine Edith. Edith war Tante Liesbeths
Tochter. Sie war etwas älter als ich.
Wir kletterten auf Bäume. Wir liefen auf den
Stelzen, die Opa Ernst für uns gemacht hatte.
Wir fuhren Rad. Wir malten mit Kreide
Hinkelkästchen auf den Gehsteig und spielten
„Himmel und Hölle".
Wir badeten in der Kiesgrube. Wir klauten
Kirschen, bis Opa Ernst eines Abends einen
Wassereimer voll Kirschen mitbrachte.
„Damit das Klauen aufhört", sagte er.

Edith und ich aßen Kirschen, bis wir nicht mehr konnten. Wir spielten Kirschkern-Weitspucken und schmückten uns mit Kirschen-Ohrringen.

Manches war in Barby ähnlich wie in Rheda.
Manches war aber auch ganz anders.
Zum Beispiel hieß ein Butterbrot in Barby Bemme. Und Limonade hieß Brause.
In Rheda ging ich einmal in der Woche nachmittags in die Mädchen-Jungschar.
In Barby ging Edith zu den Jungen Pionieren.

Während Mama jeden Vormittag Besuche machte, ging ich mit Oma Berta zum Einkaufen in die Stadt. Unterwegs mussten wir oft stehen bleiben. Fast alle Leute kannten Oma Berta.
Aber nicht alle kannten mich.
Oma erklärte: „Das ist Lottis Tochter."
„Lottis Tochter, sieh an!", sagten sie dann.

Oder: „Lotti Schmidts Tochter."

Manchmal sagte Oma Berta von sich aus:
„Schau mal, Olga (oder Luise oder Betty):
Lottis Tochter! So groß ist sie inzwischen
geworden." Olga (zum Beispiel) sagte dann:
„Bald ist sie so groß wie du, Berta."
Und Luise sagte: „Wenn nicht noch größer!"
Und Betty sagte: „Ja, ja, die Enkelkinder
wachsen uns langsam aber sicher über den
Kopf!"

An einem Sonntagnachmittag gingen wir
auf dem Elbdeich spazieren: Opa Ernst, Oma
Berta, Mama und ich. Wir gingen von der
Eisenbahnbrücke bis zum Fährhaus.
Dort tranken die Großen Kaffee.
Ich bekam Brause und ein dickes Eis.
Wir schauten auf die Elbe. In der Elbe hatte
Mama schwimmen gelernt.

Und in dem Sommer, in dem sie Papa kennengelernt hatte, hat sie viele Sonntagnachmittage mit ihm an der Elbe verbracht.

„Die Ems in Rheda ist ein Bach gegen die Elbe", sagte sie jetzt. „Aber beide, Ems und Elbe, münden in die Nordsee", sagte ich.

„Was für ein kluges Kind Lottis Tochter doch ist", sagte Opa Ernst. Er tätschelte meine Wange. „Nicht wahr, meene kleene Scheene?"

Ich und klug?

Wenn du wüsstest, Opa, dachte ich.

Und dachte zum ersten Mal, seit ich in Barby war, wieder an das Gymnasium.

Mama dachte laut, als sie sagte:

„Der Elbe ist es egal, ob sie durch die Tschechoslowakei, durch Ostdeutschland oder durch Westdeutschland fließt. Sie lässt sich von keiner Grenze aufhalten."

Jeden Abend lehnte ich mich mit Oma Berta aus dem Fenster und schaute nach den Schafen und den Gewitterwolken. Opa Ernst sagte jeden Abend: „Es ist uns noch nie etwas passiert. Ich weiß gar nicht, warum ihr solche Angst vor einem Gewitter habt."

6 Kein Puppenkind

Oma Berta hatte mir in der Stadt eine Puppe mit blonden Locken und Schlafaugen gekauft. Auf dem Nachhauseweg kamen wir an der Froschvilla vorbei. Froschvilla, so wurde ein Haus genannt, das am Teich lag. Die Frösche quakten um die Wette. Vor den Fröschen hatte ich keine Angst, aber vor den Gänsen, die plötzlich auf uns zu liefen.
Ich rannte vor ihnen davon. Dabei stolperte ich über die Bordsteinkante und fiel hin. Ich hatte nur ein paar neue Schrammen. Nicht schlimm. Aber die Puppe war kaputt. Das war schlimm.
„Wir gehen noch einmal zurück und kaufen eine neue Puppe", sagte Oma Berta.
„Und die Gänse?"
„Die tun dir nichts. Ich werde sie verjagen."

Oma Berta war als junges Mädchen Magd auf einem Bauernhof gewesen. Sie kannte sich mit Gänsen aus.

Ich bekam eine neue Puppe. Sie sah genauso aus wie die erste. Ich wollte Oma Berta nicht enttäuschen. Deshalb hatte ich ihr nicht gesagt, dass ich mir nichts aus Puppen machte.
Ich würde die Puppe Elisabeth schenken.
Elisabeth war ein Puppenkind.
Ich nicht. Ich kletterte lieber in Bäume oder lief auf Stelzen durch Barby und auf Rollschuhen durch Rheda.
Außerdem träumte ich davon, später eine berühmte Seiltänzerin zu werden. Aber davon wusste Oma Berta nichts.
„Die Puppe ist wunderschön", sagte ich. Und das war nicht gelogen. Oder nur ein bisschen. Denn die Puppe war wirklich schön.

Einen Tag nach unserer Ankunft in Barby
hatten wir uns bei der Polizei anmelden
müssen. Einen Tag vor unserer Abreise
mussten wir uns wieder abmelden.
Ich fand das spannend.
Mama fand es ärgerlich.
Am meisten ärgerte sie sich darüber, dass sie
eine Aufenthalts-Genehmigung brauchte, um
ihre Familie besuchen zu dürfen. In Rheda
sagte sie am Wochenende oft:
„Wie schade, dass wir uns nicht einfach ins
Auto setzen und nach Barby fahren können.
Wann immer wir Lust dazu haben. Und Zeit.
Und Geld natürlich."
Papa sagte dann: „Bedank dich bei Adolf Hitler.
Und allen, die ihm damals zugejubelt haben."

Als Opa Ernst sich von uns verabschiedete,
klang seine Stimme rauer als gewöhnlich.
„Mach's man jut, meene kleene Scheene",
sagte er zu mir.
Zu Mama sagte er: „Nächstes Jahr kommt ihr
aber wieder, Lotti. Und nicht nur ihr beiden,
sondern die anderen auch."
„Versprochen", sagte Mama.

Oma Berta und Tante Liesbeth begleiteten
Mama und mich nach Magdeburg. Oma Berta
weinte schon, bevor der Interzonen-Zug einlief.
Diesmal weinte sie, weil sie traurig war.
„Nicht weinen, kleine Oma. Im nächsten Jahr
kommen wir wieder. Ganz bestimmt", sagte
ich und räusperte mich, denn ich hatte einen
Frosch im Hals. Ich war auch traurig.

Als der Zug einlief, ging alles sehr schnell. „Gott sei Dank", sagte Mama leise. Sie schloss das Fenster und setzte sich. „Vor diesem Abschied habe ich mich schon seit Tagen gefürchtet."

7   Heimfahrt mit Hindernissen

Kurz hinter der Grenze in Wolfsburg stiegen
Mama und ich aus. Papa wollte uns hier
mit dem Auto abholen. So hatten wir es
abgemacht. Es waren noch Ferien.
Papa fuhr gerne Auto. Und Mama und ich
freuten uns, dass wir ihn schon 3 oder 4
Stunden früher wiedersehen würden.

Wir gaben unser Gepäck am Bahnhof in die
Aufbewahrung und gingen in die Stadt.
Es war 12 Uhr. Um 3 Uhr wollte Papa da sein.
Wir hatten 3 Stunden Zeit.
In der Stadt kaufte Mama für sich eine Bluse
und für mich einen Rock. Danach gingen wir
in eine Eisdiele. Mama war großzügig und
bestellte 3 Kugeln Eis.

3 Kugeln Erdbeereis für sich, 3 Kugeln
Schokoladeneis für mich.

Kurz vor 3 Uhr gingen wir zum Bahnhof zurück.
Weil Papa ja um 3 Uhr da sein wollte.
Aber Papa war nicht da.
„Das dachte ich mir gleich", sagte Mama.
Sie setzte sich auf eine Bank.
Und ich setzte mich auch.
„Hier kann er uns nicht übersehen", sagte sie.
Nach einer halben Stunde wurde sie unruhig.
„Es wird ihm doch nichts passiert sein?"
Wir warteten eine weitere halbe Stunde.
Dann stand Mama auf.
„Komm, Marie", sagte sie. „Wir gehen ein Stück
in die Richtung, aus der Papa kommen muss."
Hoffentlich hat er keinen Unfall gehabt,
dachte ich.

Wir schauten uns fast die Augen aus.

Wir starrten jeden blauen Käfer an, der uns entgegenkam. Einmal glaubte ich, Papa entdeckt zu haben. Aber dann war er es doch nicht.

„Lass uns zum Bahnhof zurückgehen", sagte Mama. „Vielleicht ist Papa inzwischen da."

Doch Papa war nicht da.

Nicht auf dem Bahnhofs-Vorplatz.

Und nicht in der Bahnhofshalle.

„Wir gehen in die Bahnhofs-Gaststätte", sagte Mama. „Vielleicht sitzt er ja da."

Sie glaubte selbst nicht, was sie sagte.

Mama bestellte für sich eine Tasse Kaffee und für mich eine Limonade. Als der Kellner die Getränke brachte, fasste sich Mama ein Herz. Sie fragte ihn, ob jemand für uns angerufen habe.

„Wissen Sie, mein Mann wollte uns um 3 Uhr mit dem Wagen abholen. Aber bis jetzt ist er noch nicht gekommen. Wir sind ziemlich in Sorge."

„Ach, Sie sind das!", sagte der Kellner.

„Ja, da war ein Anruf. Aber schon vor 2 Stunden. Ein Anruf für eine Frau und ein kleines Mädchen mit rotblonden Zöpfen."

„Ja, ja, das sind wir!" Mama war ganz aufgeregt.

„Einen Augenblick!", sagte der Kellner und verschwand. Nach einer Weile kam er mit einem Zettel wieder.

„Sie sollen diese Nummer hier anrufen", sagte er und gab Mama den Zettel.

Mama zahlte und trank hastig ihren Kaffee aus.

„Hoffentlich ist nichts passiert", sagte sie.

Als ich Papas Stimme am Telefon hörte, fiel mir ein Stein vom Herzen. Ich rückte noch enger an Mama. Ich wollte verstehen, was Papa sagte.

„Mach dir keine Sorgen, Lotti", sagte Papa.

„Ich kann heute nicht mehr kommen. Der Käfer ist in der Werkstatt. Ich bekomme ihn erst morgen früh wieder. Ihr müsst mit dem Zug fahren oder euch ein Zimmer nehmen."

„Für den Zug reicht unser Geld nicht mehr", sagte Mama. Ihre Stimme zitterte.

Gleich fängt sie an zu weinen, dachte ich.

„Dann sucht euch ein Hotel", sagte Papa.

„Ich bin morgen früh spätestens um 10 Uhr bei euch. Wir treffen uns am Bahnhof, ja?"

Mama hängte ohne Gruß ein.

„Sei froh, dass ihm nichts passiert ist", sagte ich.

Ich freute mich darauf, mit Mama in einem Hotel zu übernachten. Das hatten wir nämlich noch nie getan. Mama freute sich nicht.

„Wir haben kaum noch Geld", sagte sie.

Sie ärgerte sich über Papa und sein klappriges Auto. Über ihren eigenen Leichtsinn ärgerte sie sich auch.

„So viel Geld für die Bluse und den Rock und das Eis auszugeben, das war ..."

Sie sprach den Satz nicht zu Ende.

„Komm, lass uns nachzählen, wie viel Geld wir noch haben", sagte sie.

Mama hatte noch genau 26 Mark und 43 Pfennige. „Ob das reicht?"

„Es reicht bestimmt", sagte ich. Aber das sagte ich nur, um Mama nicht zu beunruhigen.

„Vielleicht hast du auch noch etwas Geld, Marie. Schau nach!"

„Ich habe 5 Groschen, mehr nicht. Das weiß ich genau."
„Schau trotzdem nach!"
Da zeigte ich Mama mein Portemonnaie. Es enthielt wirklich nur 5 Groschen. Und ein paar Münzen DDR-Geld. Mit denen konnten wir aber nichts anfangen.

Wir holten die beiden Koffer und die Reisetasche und gingen auf Zimmersuche.
Das 1. Hotel sah Mama zu teuer aus,
das 2. Hotel zu schäbig.
„Ich kann nicht mehr, Mama", stöhnte ich.
„Die Tasche ist zu schwer."
Mama antwortete nicht.
Sie schleppte die beiden Koffer.
Und sie konnte auch nicht mehr.

Schließlich fanden wir ein kleines Hotel. Es sah nicht vornehm aus, aber auch nicht schäbig.

„Hier versuchen wir es!", sagte Mama kleinlaut.

Wir hatten Glück, es gab noch ein freies Zimmer.

„Möchten die Damen vielleicht etwas essen?"

Das fragte der Mann, der Mama den Zimmerschlüssel überreichte.

„Nein, nein", sagte sie rasch. „Wir sind zu müde. Wir wollen sofort ins Bett gehen."

Im Zimmer ließen wir uns auf die Betten fallen. „Warum wolltest du nichts mehr essen, Mama?", fragte ich. „Wir sind doch hungrig. Ich jedenfalls bin es."

„Kind, wir haben kein Geld", sagte Mama.

„Wer weiß, ob wir die Übernachtung bezahlen können."

„Warum hast du denn nicht nach dem Preis gefragt?", wollte ich wissen.

„Das hätte bestimmt einen schlechten Eindruck gemacht. So, als ob wir das Zimmer nicht bezahlen könnten", sagte Mama.

„Können wir ja vielleicht auch nicht", sagte ich.

„Jetzt machst du mich auch noch unsicher", sagte Mama.

„Hast du eben selbst gesagt."

„Was?"

„Dass wir die Übernachtung vielleicht nicht bezahlen können."

Jetzt weinte Mama. Und ich hatte ein schlechtes Gewissen, weil ich sie unsicher gemacht hatte.

Später aßen wir die Bemmen, die Oma Berta uns mitgegeben hatte. Dazu tranken wir Leitungswasser aus den Zahnputzbechern.

Und dann gingen wir ins Bett, obwohl es noch viel zu früh zum Schlafen war.

Mitten in der Nacht wachte ich auf und sah, dass Mama auf der Bettkante saß. Sie hatte die Nachttischlampe angeknipst und ihr Portemonnaie ausgeschüttet.
Sie zählte ihr Geld. „Es wird und wird nicht mehr", sagte sie. „Ich kann gar nicht schlafen. Was machen wir, wenn es nicht reicht?"
„Dann warten wir so lange, bis Papa uns abholt", versuchte ich Mama zu beruhigen.
„Er weiß doch nicht, in welchem Hotel wir sind."

„Es reicht bestimmt. Mach dir keine Sorgen, Mama!"
„Du hast gut reden, Kind!" Mama seufzte, sammelte das Geld wieder ein und knipste das Licht aus.

Beim nächsten Erwachen schien die Sonne durch die Vorhänge ins Zimmer. Mama war schon fertig angezogen. Während ich mich wusch und anzog, zählte sie noch einmal ihr Geld: 26 Mark und 43 Pfennige. Mehr nicht. Wir nahmen unser Gepäck und gingen nach unten. An der Rezeption sagte Mama zu dem Mann, dass wir nun leider auch nicht frühstücken könnten.

„Wir müssen ganz schnell zum Zug."

„Dann bekomme ich von Ihnen 25 Mark", sagte der Mann. „Ich hoffe, Sie haben gut geschlafen."

„Ja", schwindelte Mama und bezahlte.

In einer Bäckerei kauften wir für das restliche Geld Hefeteilchen und Brötchen.

„Das ist ja noch einmal gut gegangen."

Jetzt konnte Mama endlich wieder lachen.

Weil wir großen Hunger hatten, war die Tüte bald leer. Plötzlich sagte Mama: „Wir sind vielleicht dumm. Wir hätten meinen Vetter anrufen sollen. Er wohnt in Braunschweig, das ist gar nicht so weit. Erich hätte uns bestimmt abgeholt. Dass wir darauf nicht gekommen sind!"

Wir gingen zum Bahnhof. Dort setzten wir uns auf die Bank, auf der wir gestern auch gesessen und auf Papa gewartet hatten. Heute brauchten wir nicht lange zu warten. Papa war auf die Minute pünktlich.

Im Auto erzählten Mama und ich abwechselnd, manchmal auch gleichzeitig, von unserem Abenteuer.
„Ihr seid mir 2 Heldinnen!", lachte Papa.

8 Scheiden tut weh

Während Mama und ich in Barby waren, waren
Elisabeth und Andreas in Schötmar bei
Oma Käthe und Opa Karl.
Bevor wir nach Rheda zogen, haben wir alle
dort gewohnt. Nur Andreas nicht.
Andreas wurde erst in Rheda geboren.

Als wir jetzt in Schötmar ankamen,
stand Oma Käthe mit Elisabeth und Andreas
vor der Haustür. Sie gab Mama die Hand.
Mich zog sie an ihre breite Brust.
Ihre Kittelschürze roch nach allem, was sie in
den letzten Tagen gekocht hatte.
Und nach ihrer Medizin roch die Schürze auch.
Als Oma Käthe mich freigab, sagte ich zu
Elisabeth: „Ich habe dir eine Puppe mitgebracht.
Eine große blonde Puppe mit Schlafaugen."

Elisabeth strahlte.

„Und für dich einen Teddy", sagte ich zu Andreas. Ich nahm meinen kleinen Bruder auf den Arm. „Du bist aber schwer geworden!", staunte ich und ließ ihn schnell wieder runter.

„Er mag ja auch sein Futter", sagte Oma Käthe stolz.

Oma Käthe hatte Bratkartoffeln gemacht. Eine große Pfanne voll. Außerdem gab es Brote mit Leberwurst. Und hinterher Plundermilch mit Zucker und Zimt. Nur Mama aß keinen Nachtisch. Sie mochte keine saure, dickgewordene Milch.

„Igitt", sagte Mama und drehte den Kopf zur Seite. Sie mochte auch den Geruch nicht. Da Mama die letzte Nacht kaum geschlafen hatte, wollte sie bald nach dem Essen ins Bett gehen.

„Wo sollen wir schlafen?", fragte sie.

„Elisabeth schläft bei mir im Bett", sagte Oma Käthe. „Marie und Andreas teilen sich das Küchensofa. Und ihr großen Kälber müsst euch den 2. Kahn teilen."

Die großen Kälber – damit meinte sie Papa und Mama.

„Hoffentlich hält das Bett das aus", sagte Papa.

„Dummer Kerl", sagte Oma Käthe.

„So stabil wie das Bett ist!"

Oma Käthe hatte nur 2 Zimmer: eine Küche und ein Schlafzimmer. Im Schlafzimmer roch es wie in einer Apotheke, denn Oma Käthe hatte verschiedene Krankheiten. Sie brauchte viele Pillen, Salben und Tropfen. Die Döschen, Tuben und Fläschchen standen auf der Waschkommode. Ihre beiden großen Betten nannte sie „Kähne".

Papa sagte, eines dieser Betten sei für eine Person zu groß, für 2 Personen aber zu klein.

Oma Käthe und Opa Karl verstanden sich nicht mehr gut. Deshalb war Opa Karl schon vor längerer Zeit aus dem Schlafzimmer ausgezogen. Sein Bett hatte er nicht mitgenommen. Es passte nicht in die Kammer neben dem Pferdestall.

Opa Karl war Fuhrmann. Es gefiel ihm, Wand an Wand mit Hans und Liese zu schlafen. Hans und Liese, so hießen seine alten dicken Pferde.

Irgendwann in der Nacht wurden Andreas und ich durch ein lautes Krachen geweckt. Da die Schlafzimmertür nur angelehnt war, hörte ich Papa lachen: „Dein stabiles Bett, Mutter!" „Mein schönes Bett!", jammerte Oma Käthe.

Mama kam in die Küche und sagte, sie wolle jetzt auf dem Sofa schlafen.

Also mussten Andreas und ich zu Papa in das kaputte Bett steigen. Wir spielten Schiff im Sturm, bis Oma Käthe sagte: „Jetzt wird endlich geschlafen!"

Beim Frühstück waren wir alle hundemüde.
Wir gähnten uns an. Sogar Papa gähnte.
„Das war eine Nacht!", sagte er.

Opa Karl kam in die Küche geschlurft.
„Na, bist du auch mal wieder da, Zopfmarie?", sagte er und zupfte an meinen Zöpfen.
Dann begrüßte er Mama und Papa.
Weil wir zu Besuch waren, bekam auch Opa Karl Bohnenkaffee. Sonst bekam er nur „Muckefuck". Muckefuck wurde aus Getreide hergestellt. Aus Gersten- oder Roggenkörnern.

Elisabeth, Andreas und ich bekamen auch Muckefuck. Wir tranken ihn gern, Opa Karl nicht.

Muckefuck war billiger als Bohnenkaffee. Deshalb musste Opa Karl meistens Muckefuck trinken. Weil er nämlich Oma Käthe zu wenig Haushaltsgeld gab.

„Zum Leben zu wenig, zum Sterben zu viel", sagte sie.

Ich mochte beide gut leiden. Oma Käthe sowieso, aber Opa Karl auch. Einmal habe ich Papa gefragt, ob das schon immer so war. Das mit Oma Käthe und Opa Karl.

„Früher war das anders, Marie", hat Papa geantwortet. „Als ich ein kleiner Junge war, da haben sie miteinander gelebt und nicht nebeneinander."

Nach dem Frühstück reparierte Papa das
Bett. Mama packte unsere Sachen ein. Beim
Abschied waren Oma Käthes Augen ganz nass.
Ich nahm sie in den Arm und sagte: „Nicht
weinen, Oma, wir kommen ja bald wieder."

„So ein Mist", sagte Elisabeth, als wir mit dem
Käfer um die Ecke bogen. „So ein großer Mist,
dass man immer Abschied nehmen muss. Ich
finde das scheußlich!"
Ich fand das auch scheußlich und beschloss,
gleich morgen 2 Briefe zu schreiben: einen an
Oma Käthe und einen an Oma Berta.

9   Ramona

Im Herbst war Kirmes. Mitten in der Stadt.
Die Straßen sahen mit den vielen Wohnwagen,
Buden und Karussells ganz anders aus als
sonst. Bunter. Geheimnisvoller. Aufregender.
Zur Kirmes gehörte auch ein Zirkus. Und zum
Zirkus gehörte Ramona, die kleine Seiltänzerin.

Ob sie auch in diesem Jahr dabei war?
Ob sie mich erkennen würde?
Letztes Jahr hatte ich am Manegen-Rand
gesessen und länger und lauter geklatscht
als die anderen. Ich hatte mir nicht nur eine
Vorstellung angesehen, sondern alle. Fast mein
ganzes Kirmesgeld hatte ich ausgegeben, um
Ramona zu sehen. Nicht ein einziges Mal war
ich Karussell gefahren. Nur Schiffschaukel.

Ob Ramona noch so schön war wie voriges Jahr? Ob mein Kirmesgeld ausreichte, um mir alle Vorstellungen anzuschauen?
Die halbe Nacht hatte ich über Ramona und mich nachgedacht. Warum bekam ich den Spagat nicht so hin wie sie? Und den Handstand mit Überschlag auch nicht? Warum hatte ich rotblonde Zöpfe und keine schwarzen Locken wie sie? Warum hatte ich Sommersprossen? Warum waren meine Augen grün? Warum musste ich in die Schule gehen? Warum musste ich mich mit Mathe und Englisch quälen? Warum durfte Ramona jeden Tag auf dem Seil tanzen?

Zum Glück war Oma Käthe heute gekommen. Sie hatte zwar auch nicht viel Geld, aber wenn Kirmes war, war sie großzügig.

Vor unserer Haustür stand eine große Kuchenbude. Ich schaute mir alle Süßigkeiten genau an: die Liebesperlen in Nuckel-Fläschchen, die Nappos, die Lakritz- und die Zuckerstangen, die Lebkuchenherzen und Schaumwaffeln. Schließlich kaufte ich mir nur ein Tütchen Salmiak-Pastillen. Daraus klebte ich mit etwas Spucke einen Stern auf meinen Handrücken. Den leckte ich langsam, ganz langsam ab, während ich mit Oma Käthe über den Rummel ging.

An der Losbude kaufte sie 5 Lose, die ich für sie aufrollte. Leider waren alles Nieten.

„Der Teufel scheißt immer auf den größten Haufen", sagte sie. „Nur wer hat, dem wird gegeben. Wer ein armes Luder ist so wie unsereins, der bleibt es sein Leben lang!"

Ich kaufte von ihrem Geld noch 3 Lose.
Noch einmal 3 Nieten! Oma Käthe tröstete uns
mit Zuckerwatte und gebrannten Mandeln.
In diesem Jahr wollte ich Kettenkarussell
fahren. Und in die Raupe wollte ich. Mit Oma
Käthes Geld konnte ich das auch tun.

Als ich aus der Raupe kam, herrschte ein
ziemliches Gedrängel auf dem Rummel.
Ich drängelte mit, denn in 10 Minuten sollte
die Zirkus-Vorstellung beginnen. Ich bekam
den letzten Sitzplatz in der letzten Reihe.
Oma wollte nicht sitzen. Sie stellte sich hinter
mich und wärmte so meinen Rücken.

Endlich, endlich trat Ramona auf! Sie sah noch
schöner aus als im vorigen Jahr. Sie machte
einen tiefen Knicks und warf den Zuschauern
Kusshändchen zu.

Dann stieg sie die Leiter hoch. Als sie oben stand, reichte ihr einer ihrer Brüder einen rosaroten Schirm. Ramona spannte ihn auf. Und dann tanzte sie genau wie im vorigen Jahr in ihrem fliederfarbenen Kleidchen über das Seil. Sie tanzte, als wäre das nichts. So leicht, so schön, so schwebend ...

Zum Schluss machte Ramona auf dem Seil Spagat, klappte den Schirm zu und sprang vom Seil. Und wieder knickste sie und warf uns Kusshändchen zu. Ich klatschte, bis meine Handflächen glühten. Ramona bedankte sich und machte noch einmal einen tiefen Knicks. Nun stieg sie auf eine noch höhere Leiter, die ihre Brüder festhielten. Oben angekommen, drehte sie uns den Rücken zu, stieß sich mit den Füßen ab und – flog nach unten. Dabei drehte sie sich 2 Mal um sich selbst, bevor sie sicher auf dem Boden landete.

„Das war ein doppelter Salto", erklärte ich Oma
Käthe. „Ein doppelter Salto rückwärts."
Ich klatschte noch heftiger als eben. Leider war
die Vorstellung zu Ende. Ramona sammelte
Geld ein. Als sie zu mir kam, legte ich eine
Mark in ihr Körbchen. „Danke", sagte sie leise.
Sie sah mich an, aber sie erkannte mich nicht.
Niemals werde ich wie Ramona sein, dachte
ich. Niemals so schön, so zart und so gelenkig.
Niemals werden mir die Menschen zujubeln,
so wie ich eben Ramona zugejubelt habe.
Und einen doppelten Salto rückwärts – den
werde ich auch niemals hinkriegen.
Nicht einmal einen einfachen!

Etwas später in meiner geliebten Schiffschaukel
vergaß ich meinen Kummer. Ich schaukelte,
so hoch es nur ging.

Oma Käthe schaute zu und starb „tausend Tode" - aus Angst um das „wilde, unvernünftige Kind". Hinterher sagte sie zu mir: „Kind, mach das nie wieder, wenn ich dabei bin. Denk an mein schwaches Herz!"

10 Franse die Bürsten!

Schön waren die Sonntagnachmittage
im Dezember.
Dann zündete Papa die Kerzen an.
Und Mama schnitt den Honigkuchen an.
Es war aber gar kein Honig in ihm drin,
sondern Rübenkraut. Das war billiger.
Nach dem Kaffeetrinken spielten Papa und
ich auf unseren Blockflöten. Wir spielten
alle Advents- und Weihnachtslieder, die
wir kannten. Wir spielten, bis Elisabeth und
Andreas unruhig wurden. Oder bis Mama
sagte: „Herbert, es reicht!"

Abend für Abend saß Mama in der Wohnküche
auf der Ofenbank und strickte. Manchmal kam
unsere Nachbarin Fräulein Kraus und leistete
Mama Gesellschaft.

Fräulein Kraus hatte immer eine Tüte
Bonbons oder eine Tafel Schokolade in ihrem
Handarbeits-Korb. Bevor ich ins Bett musste,
spielte sie mit mir „Mensch ärgere dich nicht"
oder „Mikado".

Mit der Jungschar-Gruppe ging ich ins
Krankenhaus und ins Altenheim. Dort sangen
und spielten wir und sagten Gedichte auf, zum
Beispiel: „Von drauß' vom Walde komm ich
her, ich muss euch sagen, es weihnachtet sehr."

Kurz vor Weihnachten wurde es ungemütlich.
Da stellte Mama die Wohnung auf den Kopf.
Sie wusch die Gardinen. Sie putzte die Fenster.
Sie scheuerte die Fußböden. Sie bezog die
Betten. Sie backte Kekse. Und sie strickte!
Fast jeden Nachmittag und jeden Abend
strickte Mama jetzt. Sogar sonntags strickte sie.

Am Samstagnachmittag vor dem 4. Advent saß
Papa am Tisch in der Wohnküche. Er schrieb
Weihnachtsbriefe auf seiner Schreibmaschine.
Elisabeth spielte mit ihrer Puppe. Andreas
spielte mit seinen Bauklötzen. Mama putzte
Staub. Und schimpfte dabei über ihren faulen
Mann, der nicht beim Hausputz half.
„Mach dich nicht verrückt, Schatz!",
sagte Papa. „Was nicht fertig wird, wird eben
nicht fertig. Das Christkind muss ja nicht vom
Fußboden essen."
„Deine Ruhe und deinen Humor möchte ich
haben", sagte Mama. „Immer nur schreiben
und lesen, schreiben und lesen. Und ich weiß
nicht, was ich zuerst und zuletzt tun soll!"
„Schreiben ist auch Arbeit", sagte ich.
„Klar, dass du immer zu Papa hältst", schimpfte
Mama. „Klapp dein Buch zu und hilf mir.
Franse die Bürsten!"

Ich schaute Mama groß an: „Was?"

„Na los, franse die Bürsten! Das kannst du schon!"

„Franse die Bürsten, das ist gut, das ist ..."

Vor lauter Lachen konnte Papa nicht weitersprechen. Er lachte und lachte, bis Mama weinte. Da wurde Papa sofort still, stand auf und gab Mama einen Kuss.

„Du legst dich jetzt hin und ruhst dich aus!", sagte er. „Ich mache dir einen Tee. Und dann bürsten Marie und ich die Teppichfransen im Wohnzimmer."

In der Waschküche brodelte das Wasser im Kessel. Vor lauter Dampfschwaden konnte ich die Badewanne kaum sehen.

Papa füllte mit einem Eimer heißes Wasser in die Wanne, bis sie halb voll war.

Mama prüfte die Temperatur.

„Viel zu heiß", sagte sie.

Darauf goss Papa so lange kaltes Wasser dazu,
bis Mama zufrieden war. Ich überzeugte mich
aber lieber selbst. Erst steckte ich eine Hand
und danach vorsichtig einen Fuß in die Wanne.
„Soll ich dich schrubben oder schaffst du es
allein?", fragte Mama.
Was für eine Frage!
Natürlich schaffte ich es allein! Nur beim
Rücken durfte Mama etwas nachhelfen.
Als sie auch noch meinen Hals und die Ohren
nachbessern wollte, sagte ich: „Lass das, Mama.
Du weißt, ich kann das nicht haben!"

Papa goss warmes Wasser über meinen Kopf
und wusch mir die Haare.
Ich hielt mir den Waschlappen vors Gesicht,
damit ich keinen Seifenschaum in die Augen
bekam. Danach spülte Papa die Haare so lange
aus, bis sie quietschten.

„Einmal werden wir noch wach, heißa dann ist Weihnachtstag", sang er dabei.

11   Ein Atlas und ein Mantel

Nach dem Frühstück am Heiligen Abend holten
Papa, Elisabeth und ich Oma Käthe am
Bahnhof ab.

Opa Karl war schon vorgestern bei uns gewesen
und hatte uns sein Geschenk gebracht.
„Guckt mal! Ein Schwan! Opa hat uns einen
Schwan mitgebracht!", hatte Andreas gerufen,
als er die Weihnachtsgans sah.

Der Zug hielt. Oma Käthe stieg aus.
„Hoffentlich muss sie heute Abend nicht wieder
weinen", sagte Elisabeth leise.
„Das sieht ja aus, als wolltest du ein halbes Jahr
bleiben", sagte Papa.

Er nahm Oma Käthe den Koffer und die große Tasche ab.

„Was hast du da alles drin?", fragte Elisabeth.

„Das erfährst du noch früh genug, mein Mädchen", sagte Oma Käthe und nahm Elisabeth, dann mich, dann Papa in den Arm.

Der Tag dehnte sich wie Gummiband.

Mama und Papa schmückten den Weihnachtsbaum im Wohnzimmer.

Dieses Zimmer nannten wir „Gute Stube".

Wir benutzten die gute Stube nur zu Weihnachten, zu Ostern und an besonderen Geburtstagen. Die andere Zeit über schonten wir sie. Damit die gute Stube wirklich eine „gute" Stube blieb.

Nach dem Mittagessen wurden wir von Mama
eingekleidet. Die Stricksachen waren noch
rechtzeitig fertig geworden.
Elisabeth und ich bekamen einen Rock und
einen Pullover, Andreas eine Hose und einen
Pullover. Alle Sachen sahen ganz gleich aus.
Und wenn wir gleich groß gewesen wären,
hätte man uns für Drillinge halten können.

In der Andreaskirche hörten wir die
Weihnachtsgeschichte und sangen
„Stille Nacht, heilige Nacht"
und „O du fröhliche".
Und hinterher aßen wir Kartoffelsalat und
Würstchen wie an jedem Heiligen Abend.

Nach dem Abendessen gab es leider immer
noch keine Bescherung. Papa verschwand mit
seiner Schreibmaschine im Kinderzimmer.

„Was macht er denn jetzt noch, Mama?",
fragte Elisabeth.

„Wahrscheinlich dichtet er", sagte Mama.
„Ihr wisst doch, dass jeder von uns ein Gedicht
von Papa bekommt."

„Aber warum macht er das erst jetzt?",
sagte ich.

„Vermutlich, weil ihn erst jetzt die Muse küsst",
sagte Mama und lachte.

Es dauerte und dauerte und dauerte.
Mama und Oma Käthe räumten den
Abendbrottisch ab. Ich stellte mich mit den
Kleinen vor die Kinderzimmertür. Wir hörten
zu, wie Papa in die Tasten haute.
Als es im Kinderzimmer still wurde, dachten wir
schon, er wäre fertig. Aber dann hämmerte er
wieder drauflos.

„Ich halte es nicht mehr aus, Mama!",
sagte Elisabeth.
„Ich auch nicht!", sagte Andreas.
„Herbert, wie lange dauert es denn noch?",
rief Mama.
Zu Oma Käthe sagte sie: „Das ist typisch dein
Sohn, immer auf die letzte Minute!"
Oma wollte gerade etwas erwidern, da ging die
Tür auf.
„Nur noch 5 Minuten, Kinder!", rief Papa.
Und machte die Tür wieder zu.
Aus den 5 Minuten wurden 10.
Endlich kam Papa mit einem Paket aus
dem Kinderzimmer. Und ging mit Mama
in die gute Stube. Die war jetzt ja unser
Weihnachtszimmer. Kurze Zeit später klingelte
endlich das Glöckchen.

Die Stubentür war weit geöffnet.

Es roch nach Honigkuchen, Kerzen, Orangen und Tannenzweigen. Es roch wunderbar.

Elisabeth, Andreas und ich stellten uns vor den Baum. Er war mit silbernen Kugeln, silbernem Lametta und weißen Kerzen geschmückt.

Wie jedes Jahr.

Und wie jedes Jahr reichte unser Weihnachtsbaum mit seiner Spitze an die Zimmerdecke.

„Ihr Kinderlein kommet", sagen wir.

Dann hatten wir nur noch Augen für unsere Geschenke.

Den Mantel sah ich zuerst. Er war grau und hatte rote aufgesetzte Taschen und eine rot gefütterte Kapuze. Mama hatte ihn nicht geerbt, nicht umgeändert, nicht selbst genäht, sondern für mich in einem Geschäft gekauft.

Natürlich zog ich ihn gleich an. Dann ging
ich ins Elternschlafzimmer. Vor dem großen,
dreiteiligen Spiegel beguckte ich mich von
allen Seiten.

„Den ziehe ich heute Abend nicht wieder aus",
sagte ich.

Plötzlich stand Mama hinter mir.

„Spieglein, Spieglein an der Wand, wer ist die
Schönste im ganzen Land?", sagte sie.

Sie legte ihre Arme um meine Schultern.

„Alles gut, Marie?", fragte sie.

Sprachlos vor Glück nickte ich nur.

Das zweitschönste Geschenk war der Atlas, den
ich dringend in der Schule brauchte. Eigentlich
schon seit April gebraucht hätte. Aber weil
er so teuer war, bekam ich ihn erst jetzt als
Weihnachtsgeschenk. Ich schlug ihn auf.

Darin war das Gedicht, das Papa im
Kinderzimmer geschrieben hatte.
„Lies es vor", sagte Elisabeth.
„Lies es vor, Marie", sagte auch Mama.
Da las ich vor, was Papa für mich gedichtet
hatte:

„Dein Atlas führt dich fort von hier,
weit durch die Welt, die runde.
Und ist er auch nur aus Papier,
auf bunten Karten gibt er dir
von Städt' und Ländern Kunde.

Wie einst Kolumbus kannst du da
Amerika entdecken
und tief im heißen Afrika,
mit schwarzen Kindern – sieh nur: da!
dich hinterm Busch verstecken.

Nach Asien entführt er dich,
dem Erdteil alter Sagen.
Australien auch findet sich.
Pass auf, sonst gibt's 'nen Sonnenstich.
Willst du die Reise wagen?

Europa dann und Deutschland noch
lernst kennen du und lieben.
Nun sag, mein Kind, ist er nicht doch,
dein neuer Atlas, dreimal hoch,
ist er nicht zum Verlieben?

Nimm ihn nur oft und gern zur Hand
und geh mit ihm auf Reisen.
Er zeigt dir manches fremde Land,
und wer dort überall bekannt,
gehört wohl zu den Weisen.

„Du bist ja ein richtiger Dichter, Papa", sagte ich und gab ihm einen Kuss.

„Er ist ja auch mein Sohn", sagte Oma Käthe und strahlte Papa an. An diesem Abend hatte sie noch gar nicht geweint. Ich gab ihr auch einen Kuss, weil ich auch sie lieb hatte.

Und weil ich schon mal beim Küssen war, bekamen Mama, Elisabeth und Andreas auch einen.

12 Was für ein Glück!

Den ganzen Januar über hatte ich gehofft, dass
der blaue Brief nicht kommen würde.
Aber dann kam er doch.
Und es stand darin, was ich befürchtet hatte:
dass meine Versetzung gefährdet sei.
„Schade, dass wir kein Englisch können", sagte
Mama. „Und von Mathematik verstehen wir
auch nicht genug."
Von Nachhilfestunden sagte sie nichts.
Nachhilfestunden waren zu teuer.
„Kopf hoch, Marie! Wenn du wirklich sitzen
bleibst, wiederholst du die Klasse", sagte Papa.
„Es ist keine Schande sitzen zu bleiben."

Sitzenbleiberinnen bekamen ihr Zeugnis
zugeschickt. Sie mussten am letzten Tag vor
den Ferien nicht mehr zur Schule gehen.

Papa hatte zwar gesagt, dass es nicht schlimm sei, sitzen zu bleiben. Aber ich war trotzdem traurig.

Am ersten Schultag nach den Osterferien begleitete mich Papa zum Bahnhof. Er trug meine Schultasche. Genauso, wie er sie vor einem Jahr auch getragen hatte.
„Es ist überhaupt nicht schlimm, eine Klasse zu wiederholen", sagte er noch einmal.
„Viele berühmte Leute sind 1 Mal oder sogar 2 Mal sitzen geblieben."
Papa nannte einige Namen.
Aber die hatte ich noch nie gehört.
Auf dem Bahnsteig entdeckte ich Karin und Dora. Die durften nun in die 6. Klasse gehen.
Sie taten, als sähen sie mich nicht.
Zwischen einigen Schülerinnen aus den höheren Klassen stand ein Mädchen.

Das hatte ich vorher nie gesehen. Sie war etwas größer als ich und hatte braune, streichholzkurze Haare.

„Fährst du auch zum Gymnasium?", sagte sie zu mir, als der Zug einlief.

Ich nickte.

Dann gab ich Papa einen flüchtigen Kuss und stieg zusammen mit dem unbekannten Mädchen ein.

„Ich heiße Friederike, aber du kannst mich Kiki nennen", sagte sie.

„Ja", sagte ich.

„Gehst du auch in die 5. Klasse?", fragte Kiki.

„Ja."

„Wie kommt es dann, dass ich dich nicht bei der Aufnahmeprüfung gesehen habe?"

„Eigentlich müsste ich schon in die 6. Klasse gehen", sagte ich. „Aber ich muss die 5. Klasse wiederholen."

„Also sitzen geblieben. Oder?", fragte Kiki.

„Ja", sagte ich. Und spürte, dass ich rot wurde.

Rot vor Scham.

„Was für ein Glück!", sagte Kiki.

„Glück? Ich weiß nicht ...", sagte ich.

„Ich meine, Glück für mich! Wollen wir uns in der Klasse nebeneinander setzen?", fragte Kiki.

Und ob ich wollte!

Wir hatten denselben Heimweg, Kiki und ich.

Sie wohnte nämlich in der großen gelben Villa in der Wilhelmstraße.

Ein Jahr lang war ich jeden Morgen und jeden Mittag an ihrem Haus vorbeigegangen und hatte nicht gewusst, dass sie dort wohnte.

Ja, ich hatte nicht einmal gewusst, dass es Kiki gab. Auf einem weißen Schild an der Haustür stand: Dr. Anne Winter – Dr. Gisbert Winter, praktische Ärzte.

„Sind das deine Eltern?", fragte ich.

„Ja, das sind sie, Vati und Mutti", sagte Kiki.

„Mein Vater ist Tischler", sagte ich. „Und meine Mutter ist Hausfrau."

„Wenn du magst, kannst du heute bei uns übernachten", sagte Kiki. „Meine Schwester Sabine bleibt bei ihrer Freundin, also ist ihr Bett frei."

„Mach ich!", sagte ich und wurde wieder rot. Aber diesmal rot vor lauter Glück.

„Komm am besten schon am Nachmittag. Dann mache ich uns Popcorn", sagte Kiki.

„Warum haben wir uns eigentlich nicht früher kennen gelernt? Ich meine, in der Volksschule?", überlegte ich laut.

„Vermutlich, weil ich katholisch bin und du evangelisch bist", sagte Kiki.

„Stimmt!", sagte ich.

„Also bist du in die evangelische Volksschule gegangen und ich in die katholische."
„Was für ein Glück, dass das Gymnasium weder katholisch noch evangelisch ist", sagte ich.
„Sonst hätten wir uns nicht kennen gelernt!"
Kiki lachte.
Dann sagte sie: „Tschüss – bis nachher!"

Am Abend saßen wir in Kikis Kinderzimmer.
Sie zeigte mir ein Buch.
„Schau mal, das habe ich in Muttis Bücherschrank gefunden. Darin wird beschrieben, wie ein Baby geboren wird.
Du glaubst doch nicht mehr an den Klapperstorch?"
„Nein, natürlich nicht!"
„Aber so ganz genau weißt du noch nicht, wie es geht. Das Kinderkriegen, meine ich. Oder?"

„Nein", sagte ich langsam, „so ganz genau weiß ich es nicht."

„Und? Möchtest du es wissen?"

Kiki ließ nicht locker. Merkte sie nicht, dass mir das Thema peinlich war?

„Und? Möchtest du es wissen?", wiederholte sie.

„Schon", sagte ich zögernd.

„Aber?"

„Was machen wir, wenn deine Eltern uns erwischen? Ich meine, weil das doch ein Erwachsenen-Buch ist."

„Wenn du Angst hast, schließe ich einfach die Tür ab."

Kiki schloss nicht nur die Tür ab. Kiki forderte mich auf, mich mit ihr zusammen unter ihr Bett zu legen.

Nicht unter ihr Federbett, sondern unter ihr Bettgestell.

„Sicher ist sicher", sagte sie und lachte.

Es war furchtbar eng und furchtbar dunkel und furchtbar kalt unter ihrem Bett. Und furchtbar staubig war es auch.

Kiki knipste ihre Taschenlampe an.

Dann klappte sie das Buch auf. Wir lagen nebeneinander auf dem Bauch. Ich hatte die Ellenbogen aufgestützt und presste meine Hände gegen meine heißen Wangen.

Meine neue Freundin hielt in der einen Hand die Taschenlampe. Mit der anderen Hand blätterte sie die Seiten um. Wir sahen uns die Bilder an. Kiki las mir einige Stellen laut vor.

Ob das Kinderkriegen wirklich so war?
Dann war es kein Wunder, dass Mama ein
Geheimnis daraus machte.
Wenn ich sie fragte, sagte sie nur:
„Das verstehst du noch nicht!"
Oder: „Warte, bis du etwas älter bist, Marie!"

Später, als wir im Dunkeln in Kikis Bett lagen,
sagte ich: „Weißt du, was ich früher gedacht
habe? Dass man vom Küssen Kinder bekommt.
Ich meine, vom richtigen Küssen. Aber wenn
das so wäre, müsste ich viel mehr Geschwister
haben. Mama und Papa küssen sich nämlich
ganz oft."
„Ich weiß gar nicht, ob Vati und Mutti sich
küssen. Trotzdem sind Sabine und ich da",
sagte Kiki. Aber jetzt weißt du ja, wie es geht."

„Ich glaube, ich möchte später keine Kinder bekommen", sagte ich.

„Es soll nicht so schlimm sein, wie es aussieht", sagte Kiki. „Ich habe Mutti gefragt, ob es wirklich weh tut, ein Kind zu kriegen."

„Und was hat sie gesagt?"

„Etwas weh schon."

„So wie beim Zahnarzt?"

„Ja, so ungefähr!"

„Ich bin froh, dass ich erst 11 bin", sagte ich.

Dann erzählte ich Kiki, wie das war, als Elisabeth und Andreas geboren wurden.

„Sie waren einfach plötzlich da. Wie vom Himmel gefallen. Weder Papa noch Mama haben mir erklärt, woher sie gekommen sind."

Kiki wollte wissen, wie alt meine Geschwister seien.

„Elisabeth ist 6 und Andreas wird 4."

„Wie süß", sagte Kiki.

„Manchmal ja, manchmal nein. Leider sind sie zum Spielen zu klein. Ich meine zu jung."
„Und meine Schwester Sabine ist zu groß. Ich meine zu alt", sagte Kiki. „Nach den Sommerferien geht sie in die Tanzstunde. Sie will Rock' n' Roll und Boogie-Woogie lernen. Blue Jeans hat sie sich auch schon gekauft. Und von morgens bis abends singt sie ‚Love me tender' und verdreht die Augen."
„Was für ein Glück, dass wir uns haben!", sagte ich.
„Finde ich auch", gähnte Kiki. „Schlaf gut, Marie!"
„Du auch, Kiki!"

13   Ende eines Rockes

Der Garten hinter Kikis Haus war groß. Fast so
groß wie unser Garten. In der Mitte stand ein
riesiger Kletterbaum. Eine Blutbuche. Kiki und
ich saßen oft in diesem Baum. An heißen Tagen
wie heute war es besonders schön. Schön kühl
und schattig. Und wenn Kiki nicht plötzlich eine
Idee gehabt hätte, dann ...
Dann hätte ich stundenlang in der Blutbuche
sitzen bleiben können.

„Lass uns Indianer spielen", schlug Kiki vor.
„Oh ja", sagte ich. „Aber nur, wenn ich
Winnetou sein darf."
„Meinetwegen. Dann bin ich Old Shatterhand",
sagte Kiki.
„Der ist aber kein Indianer."

„Weiß ich doch. Aber Old Shatterhand ist der beste Freund von Winnetou. Und ich bin deine beste Freundin."

„Das stimmt", sagte ich.

Und dann waren wir Winnetou und Old Shatterhand. Wir ritten durch den Wilden Westen. Wir übten uns im Anschleichen. Wir fesselten uns nacheinander am Wäschepfahl. Das war unser Marter-Pfahl. Später kletterten wir wieder in die Blutbuche. Von oben beobachteten wir feindliche Indianer, bis Kiki-Old Shatterhand schrie: „Wir greifen an, Winnetou!"

Kiki sprang vom Baum. Ich sprang hinterher. Und fiel hin. Zum Glück war der Rasen weich. Aber in meinem Rock war ein Loch. In meinem roten Strickrock. Ein ziemlich großes Loch. Sofort waren mir Winnetou und Old Shatterhand egal.

Und alle feindlichen Indianer auch.

„Schau dir das an, Kiki", sagte ich.

Kiki schaute sich das Loch an und vergaß
sofort, dass sie Old Shatterhand war.

Sie untersuchte das Loch.

„Wir gehen in die Küche", sagte sie.

„Da stopfe ich es."

In der Küche sagte Kiki: „Mach nicht so ein
trauriges Gesicht, Marie. Das bringen wir in
Ordnung. Setz dich!"

Kiki holte eine Stopfnadel und einen langen
Faden. „Gleich wirst du nicht mehr sehen, dass
da ein Loch war."

Leider war es nicht so einfach. Wenn sie die
Maschen an der einen Seite zusammenzog,
liefen sie an der anderen Seite weiter. Das Loch
wurde immer größer.

Jetzt konnte ich schon eine Hand durch das Loch stecken. Kiki gab auf.

„Deine Mutter kann das besser als ich. Sie hat den Rock ja auch gestrickt. Komm. Ich begleite dich nach Hause."

„Mit diesem kaputten Rock gehe ich nicht nach Hause", sagte ich.

Ich musste an Mama denken. An die vielen Stunden, die sie an dem Rock gestrickt hatte.

„Mach nicht so ein Gesicht, Marie. Sie werden dir nicht den Kopf abreißen."

Papa öffnete die Tür. Kiki erklärte, was passiert war. Dann sagte sie zu mir:

„Nun zeig schon, Marie!"

Da zeigte ich Papa das Loch. Er bückte sich, um den Schaden genauer anzusehen.

Unter seinen Händen fingen die Maschen wieder an zu laufen. Papa lachte laut.

Und Kiki lachte auch. Nur Mama lachte nicht.
„Der rote Rock", flüsterte Mama. „Der schöne
rote Rock. Ich fasse es nicht!"
Aber plötzlich musste auch Mama lachen. Und
weil sie lachte, konnte ich endlich auch lachen.
„Am besten, wir trennen den Rock ganz auf",
sagte Mama. „Ich stricke ihn noch einmal neu."

Ich musste mich auf die Ofenbank stellen.
Mama wickelte die Fäden auf. Kiki half
ihr dabei. Kurze Zeit später stand ich im
Schlüpfer da. Auf dem Tisch lagen 4 dicke rote
Wollknäuel. Die waren eben noch mein Rock.
„In einer Woche kannst du ihn wieder
anziehen", sagte Mama.
„Warum heißt eine Laufmasche Lauf-Masche?",
fragte Papa. Er gab sich selbst die Antwort:
„Weil sie läuft und läuft und läuft und ..."

„Herbert, es reicht!", sagte Mama.

„Nicht böse sein, Mama", sagte ich. „Aber ich möchte keinen Strickrock mehr haben."

„Oh", sagte Mama und schaute Papa, Kiki und mich an.

14 Zopf ab heißt nicht: Kopf ab!

Mein Herbstzeugnis war gut, keine 5 und
nur eine 4. Inzwischen ging ich gern zum
Gymnasium. Ich hatte keine Angst mehr vor
den Lehrern. Und ich hatte eine Freundin. Kiki.
Sie half mir bei den Hausaufgaben. Und ich
half ihr auch.

An einem Tag in den Herbstferien ging ich zum
Friseur. Ich wollte keine Zöpfe mehr haben.
Ich wollte einen Pferdeschwanz. Und dafür
mussten die Haare etwas kürzer sein.
Oma Käthe, die wieder einmal zu Besuch war,
jammerte: „Die schönen Haare!"
„Ich will mir doch nicht alle abschneiden lassen.
Nur ein paar Zentimeter."
In Oma Käthes Augen blitzte es schon wieder.

„Nicht weinen, Oma", sagte ich. „Zopf ab heißt nicht: Kopf ab!"

Als ich vom Friseur kam, bewunderten alle meinen Pferdeschwanz.
Auch Kiki war da. Weil sie sehen wollte, wie mir der Pferdeschwanz stand.
„Toll!", sagte sie.
„Toll", sagte auch Elisabeth.
Und weil Elisabeth „toll" sagte, sagte Andreas das auch. Elisabeth war sein großes Vorbild.
Er klatschte in seine kleinen Hände und rief:
„Toll, toll, toll, Marie!"
Mama zeigte auf die Ofenbank.
„Schau mal, Marie, was da liegt."
Auf der Ofenbank lagen neue Anziehsachen:
Eine weiße Bluse und ein weiter Rock.
Der Rock war blau. Und er war kein Strickrock!

Ich ging ins Kinderzimmer und zog mich um.
Als ich zurück in die Wohnküche kam, sagte
Kiki: „Jetzt fehlt nur noch ein Petticoat. Dann
siehst du aus wie ein richtiger Teenager."
„Ich glaube, Lottis Tochter wird langsam groß",
sagte Papa. Er legte den Arm um Mamas
Schultern und gab ihr einen Kuss.

***

Marlies Kalbhenn wurde 1945 geboren.
Sie lebt in Nordrhein-Westfalen. Sie hat als
Buchhändlerin gearbeitet, als Bibliothekarin
und als Lehrerin an der Volkshochschule.
Sie hat einen eigenen Verlag, den Marlies
Kalbhenn Verlag.
Sie schreibt und veröffentlicht Gedichte und
Geschichten. Sie hat zwei mal einen Preis für
Geschichten in Einfacher Sprache gewonnen
und den „Europäischen Märchenpreis".